AF137790

REGARD HAGARD

Dorothée JENNY

REGARD HAGARD

Recueil de poésie

Éditeur : BoD-Books on Demand
12-14 rond-point des Champs-Élysées, 75008 Paris
Impression : Books on Demand, Norderstedt, Allemagne

ISBN : 978-2-3222-2067-0
Dépôt légal : Mai 2020

À Anne-Claire,

À ma famille.

PARTIE 1 - CAVALERIES

Crustacés

Accepte de conter,

Fleurette et crustacés,

Tends le concept d'aimer,

Renâcle d'incruster.

Contacte-moi assez,

Scrutons des cétacés,

Cet été surclassé,

Cueillons l'inaccepté.

Lux

Anne - Claire m'éclaire,

Elle clairsème d'éclairs,

Elle m'enclin à l'acquiert,

Dans son Klein, j'y vois clair.

Elle clairevoie ma colère,

Elle claironne des airs,

Je m'esquinte et m'enquière,

Au luxe de lui plaire.

Le souverain songe

Amadouer ton cœur,

Ne priser que ta voix,

N'être qu'à la faveur,

Espiègle de tes abois.

Courir ton risque enjôleur,

Loger tes songes rois,

Affoler ta ferveur,

Incanter ton émoi,

Régir ton impudeur,

Étreindre tes couleurs.

Polisson

Polissons-nous, d'usage,

Davantage d'adages,

Agenouillons nos mirages,

En ermitage sauvage.

Partage-moi ton cépage,

Apanage du sage,

Pélerinons nos images,

Présage de ramage.

Les dents de ton bonheur

L'andin de ta candeur,

L'ondin de ton ardeur,

Les dents de ton bonheur,

Fondent le mien, destin.

Dessein de ta pudeur,

L'entrain de ta lueur,

Teint mon cœur de couleurs.

Le leurre a ses raisons.

Galéjade

Je m'agrée une simagrée,

Au gré, indistingué,

Aux égards déguisés,

D'indésirés regrets.

Je maugrée de minauder,

Malgré d'éminents rejets,

L'inaudible m'est muet.

J'ennoblis le discret.

Myriade omeyyade

J'admire des myriades,

D'âmes amies de Dryade,

Je brade jérémiades,

Pour arbre en escapade.

J'irradie de riads,

En rimes en rigolade,

J'arrime en omeyyade,

Je me mire en ce rade.

Scène de Cène

Le miel du ciel,

Coule dans mes veines,

Le sel de mer,

Roule loin les peines.

La baie de grès,

Ceint mes regrets,

Le bec du geai,

Me rend bouche bée.

Maori

Je loge en songerie,

Y git cajoleries,

J'y enjôle jaseries,

Agiles drôleries.

Je vis d'idéal tari,

Qui allonge l'ahuri,

Une plongée maorie,

Et surgit mon écrit.

Hybride imbibe

Je jubile de bribes,

J'habille d'hubris ma joie,

Ruminée, elle s'inhibe,

En mes hybrides abois.

J'imbibe ma diatribe,

Ciblée, en mon endroit.

À l'abri, je prohibe,

Regimbe de bon aloi.

J'ivre

Au cynique sublime, j'avoue,

Jouer joue contre joue,

Jazzer de joie éhontée,

Et rire à en faire pleurer.

Ris mes colères infortunes,

Essuie mes amertumes,

Pâlis mes revers obscurs,

Polis mes travers absurdes.

Mièvrerie

Je vis d'eau fraiche et d'amour,

Amour amer, amour toujours,

L'amour me joue des tours,

Me détourne de l'autour.

L'amour me dément, me dévoue,

Je voue l'amour à genoux,

J'ouïs dire son goût aigre-doux,

Je bois l'amour tout mon soûl.

Au bon vouloir

Je vous jalouse et vous avoue,

De vous à moi, de moi à vous,

Imaginer, que vous jouez,

La magie, à d'autres loups,

M'en voulez-vous ?

M'ouvrirez-vous, votre porte ?

M'envierez-vous, votre perte ?

M'enverrez-vous, des fleurs ou paître ?

Vous ouvrirez lorsque vous serez prête.

Mon tout

Dieu est mon seul et mon tout,

Tout mon monde le dévoue.

Il me voûte, je le loue.

Il m'envoute, je l'avoue.

Il m'ajoute, il m'enjoie,

Joue cache-cache avec moi,

Tout caché qu'il soit, je vois,

En moi, l'émoi de sa voie.

<u>Thérèse</u>

D'avila, ma diva,

Je fus avide à vous,

Ma divine arriva,

À rive sans remous,

Au paradis, l'au-delà,

Moins qui vaille pour vous,

Ad vitam aeternnam

PARTIE 2 - DIVAGUE

Vétiver

En mon vert univers,

Vêtue de Vétiver,

Je vis divers hivers,

Divertie à revers.

J'hiverne de rivières,

De rêveries ibères,

J'hiberne de volières,

De vers et primevères.

L'éthérée

L'hiver, j'hiberne d'idées,

Je vouvoie étoiles et Astrée,

Je convoite la voie lactée,

Je convie Vénus à rêver.

L'été, je me terre à terre,

Je mets un terme, éclair,

À mes tergiversations stellaires.

Je m'attelle à l'éternelle prière.

Trévise

Ravie-moi et je vire,

Au ravie, à l'avenir.

Avise de m'advenir,

Ravise de m'avertir.

Évite de disconvenir,

Du révisé souvenir,

Ravive ton sourire,

Dévie, vite, ton désir.

Venise

L'écrin vénitien de ton teint,

Invite mon enclin mutin.

Ravive mon entrain éteint.

L'éclat cristallin de ta voix,

Vainc mon implacable effroi,

Éveille Vulcain en l'au-delà.

Garde à vie

Je te le garantis,

Que je te garde à vie,

Tu me ragaillardis,

Ton regard me grandit.

Par mégarde j'agis,

Ton égard me ravit,

Ton nectar me gravit,

Je t'embarde, pardi.

La palabre du crabe

Je m'attable et regarde,

Un adorable crabe,

Baladé de Barbade,

Il parle les palabres.

Bavarder, il me tarde,

Au nez et à sa barbe,

D'aimable, je rencarde,

Ce bienheureux nabab.

Regard hagard

En ton regard hagard,

Je m'égare à l'écart,

J'accapare ton égard,

Sans crier tard ni gare.

Je t'empare à départ,

Te garde une part de hasard,

Prends garde au goguenard,

Ou j'engage bagarre.

Harangues

J'engrange ma perte,

Et le Gange m'apprête,

L'étrange me guette,

L'étrange me guette.

J'harangue et regrette,

Répands-je mes gambettes ?

Prends-je poudre d'escampette ?

Prends-je poudre d'escampette ?

Alea jacta est

Je rejette l'abject,

Objet que je jaquette,

L'adjectif me délecte,

Alea jacta est.

J'en jette sans direct,

J'interjette net,

J'injecte de l'affect,

J'affecte l'intellect.

À fort et à frit

Je feule qui me frôle,

D'effet que je raffole,

Je fleure et j'enrôle,

De frivoles idoles.

Je leurre et j'affriole,

De folles farandoles,

Je friponne aux atolls,

Aux fins de faribole.

Affadie fierté

Mon affadie fierté,

Feint de te dédaigner,

Au dédain de céder,

Ledit terrain miné.

Ma défense infiltrée,

D'édifice défié,

L'indifférence liée,

Aux pourfendus filets.

Défigure

Te figure pas l'obscur,

De fortuites augures,

Ne méfie pas ton futur,

De furtives figures.

Dis ta fière nature,

Figée de bonne facture,

Défiée de filature,

Prélude d'allure.

Savane

À force de fuir, je vais finir par te singer,

S'il le faut, je me tigre, fissa.

Il faudra bien que tu te jettes à l'ours.

Dès le guépard, tu m'as facétié,

D'ici à lama, tu foules mon feu,

Au lion de fuir, aie-foi.

À rames

Tout femme que je suis, je drame,

Tout femme que je suis, je ris,

Tout femme que je suis, je rame,

Tout femme que je suis, je luis.

Pompier, n'éteins pas ma flamme,

Docteur, n'éteins pas ma vie,

Clergé, n'éteins pas mon âme,

Censeur, n'éteins pas mon récit.

Flambe

Je suis tout feu, tout flammes,

Je suis tout bleu, tout calme,

Je suis tout mieux, tout drame,

Je suis tous cieux, tout âme,

Je suis tout pieux, tout pâme,

Je suis tout preux, tout crâne,

Je suis tout jeu, tout femme.

Idylle

Puis-je te sentir, te soutenir, te souvenir,

Te serrer, te sacrer, te sortir,

De l'impasse ?

Puis-je feinter ta fuite, fumer mes failles,

Fatiguer ta fougue et que cela en vaille,

La peine ?

Puis-je t'idolâtrer, t'isoler, un instant,

Ironiser ton idéal, en croyant,

Le tromper ?

PARTIE 3 - OBÉDIENCES

Sisyphe

La vie s'écoule si vite,

Qu'elle m'incite à courir,

Après elle, pour qu'elle s'agite,

Ou qu'elle s'arrête à choisir.

La vie sinue si vite,

Que j'insinue sa faillite,

Je sillonne à la va-vite,

À mon insu, fortuite.

<u>Dansé</u>

Je danse l'indécence,

À déraison,

Je distance l'existence,

En rond,

Je danse au fur des sens,

À mesure de l'essence,

Je danse à l'intense,

Je me méfie de la défiance.

La moussaillonne

Quand je crois que je joue,

C'est sous mon ami : joug.

Quand je navigue à vue,

C'est à bâtons rompus.

Quand je chante, quand je bois,

Quand je danse, quand je vois,

Quand je vante, quand j'aboie,

J'abrite l'émoi, j'abrite l'émoi.

Cède

En l'abside, tu m'absous,

D'obscènes absurdités dont,

Je m'obstine à penser.

Abstiens-toi de m'obséder.

Observe mes côtés obscurs et abscons.

De mon absence, fais abstraction.

Rescousse

Dans la rue, je me rue,

À la vue et au su,

De toutes et de tous,

Pour porter rescousse,

Aux oiseaux, aux matous,

Aux moineaux, aux toutous,

Je leur jappe, je leur miaule,

Des histoires, et des drôles,

Ils répondent en latin,

Qu'ils n'y comprennent rien.

Les cigognes

Tu es tantôt chat, tantôt souris,

Tantôt cigale, tantôt brebis,

Tantôt cigogne, tantôt agneau,

Tantôt tortue, tantôt taureau.

Je suis tantôt scorpion, tantôt scorpion,

Tantôt scorpion, tantôt scorpion,

Tantôt scorpion, tantôt scorpion,

Tantôt scorpion, tantôt scorpion.

Embrasé

Le silence bruit dans ma tête,

La nuit luit dans ma tête,

Les pleurs rient dans ma tête,

L'eau s'embrase dans ma tête,

Le soleil se déverse dans ma tête,

Le présent souvient dans ma tête.

Fariboles

Si tu m'exclames, je t'escamote,

Si tu m'acclames, je te cabote,

Si tu m'esclaffes, je te raffole,

Si tu m'exaltes, je t'auréole.

Si tu me laisses en carafe, je te cafarde,

Si tu me briscardes, je te roublarde.

Rixe

J'esquive, au qui-vive, ton esquisse,

Je t'exprime mon estime,

J'excite ta rixe,

Je risque ton supplice.

L'amulette magique

À chacune de mes cigarettes,

J'échafaude des plans sur la comète,

À défaut de comète sur les plans.

Je brandis une allumette pour ma cigarette,

Je brandis une amulette pour le reste.

Puis j'attends, j'attends, j'attends.

J'attends que l'amulette se mue en panacée,

Que les chenapans se muent en chevaliers,

Que les chapardeurs se muent en policiers,

Mais que le champagne reste du champagne,

Et que la mer reste la montagne.